글 정호승

정호승 시인은 1950년 경남 하동에서 태어나 대구에서 성장했으며 경희대 국문과와 동 대학원을 졸업했다. 1972년 한국일보 신춘문예에 동시 <석굴암을 오르는 영희>, 1973년 대한일보 신춘문예에 시 <첨성대>가 당선돼 작품 활동을 시작했다. 시집 《슬픔이 기쁨에게》《서울의 예수》《외로우니까 사람이다》《슬픔이 택배로 왔다》, 시선집 《내가 사랑하는 사람》《수선화에게》, 산문집 《내 인생에 힘이 되어준 한마디》《고통 없는 사랑은 없다》 등을 출간했으며, 소월시문학상, 정지용문학상 등을 수상했다. 최근에는 50년 전, 동시로 문단에 처음 들어섰던 그날의 마음으로 돌아가 동시집 《참새》를 시작으로 동화집 《다람쥐 똥》《항아리》《쥐똥나무》《물과 불》 등을 선보이며 우리 어린이문학을 한층 더 폭넓고 깊게 하는 데 큰 역할을 하고 있다. 대구에 <정호승문학관>이 있다.

그림 심보영

디자인을 공부하다가 그림책의 매력에 빠졌다. 지금은 이야기 속에서 이미지를 찾고, 이미지 속에 이야기를 불어넣는 일을 하고 있다. 쓰고 그린 책으로 《대단한 수염》《식당 바캉스》《털북숭이 형》《토끼행성 은하늑대》 등이 있으며, 〈깊은 밤 필통 안에서〉 시리즈, 《우다다 꽁냥파크》《이상한 우주의 앨리스》《쿨쿨》《빨간 여우의 북극 바캉스》 등에 그림을 그렸다.

어린이에게 힘이 되어 준 한마디

1판 1쇄 인쇄 | 2025. 4. 8.
1판 1쇄 발행 | 2025. 4. 21.

정호승 글 | 심보영 그림

발행처 김영사 | **발행인** 박강휘
편집 김인애 | **디자인** 윤소라 | **마케팅** 곽희은 김나현 | **홍보** 조은우 육소연
등록번호 제 406-2003-036호 | **등록일자** 1979. 5. 17.
주소 경기도 파주시 문발로 197(우10881)
전화 마케팅부 031-955-3100 | 편집부 031-955-3113~20 | 팩스 031-955-3111

값은 표지에 있습니다.
ISBN 979-11-7332-160-3 73810

좋은 독자가 좋은 책을 만듭니다. 김영사는 독자 여러분의 의견에 항상 귀 기울이고 있습니다.
전자우편 book@gimmyoung.com | 홈페이지 www.gimmyoung.com

| 어린이제품 안전특별법에 의한 표시사항 | 제품명 도서 제조년월일 2025년 4월 21일
제조사명 김영사 주소 10881 경기도 파주시 문발로 197 전화번호 031-955-3100 제조국명 대한민국
사용 연령 10세 이상 ⚠주의 책 모서리에 찍히거나 책장에 베이지 않게 조심하세요.

어린이에게 힘이 되어 준 한마디

정호승 글 | 심보영 그림

주니어김영사

작가의 말

어린이 여러분! 세상에는 여러 가지 귀한 말씀이 있어요. 나와 가장 가까운 엄마나 아빠, 선생님이나 이웃 어른이 하시는 말씀도 있고, 이 세상을 먼저 떠난 분들이 남기신 말씀도 있어요.

이 말씀은 우리를 인간답게 자라게 하고 인간답게 살아가게 해요. 이 세상을 어떻게 살아가야 할지 깨닫게 해 주고, 세상에서 무엇이 가장 중요한 것인지 알아차리게 해 줘요. 그래서 그런 말씀을 가슴에 품고 있으면 큰 힘과 용기를 얻게 돼요.

저도 그런 말씀을 많이 간직하고 있어요. 무엇보다도 제 어머니의 말씀을 늘 잊지 않고 있어요. 어머니는 제가 무슨 일을 잘못하면 늘 "괜찮다."라고 말씀하셨어요. 물을 먹다가 물그릇을 엎어 버려도, 심부름을 제대로 못해도, 학교에 내야 할 돈을 잃어버려도 "괜찮다. 걱정하지 마라." 하고 말씀하셨어요. 또 제가 무슨 일을 하다가 어려움에 부딪쳐 포기하려고 하면 "괜찮다. 다시 해 봐라." 하고 말씀하셨어요.

  그래서 저는 지금도 어떤 일이 있을 때 늘 괜찮다고 생각해요. 길을 가다가 넘어져도, 타야 할 기차를 놓쳐 버려도, 친구가 약속을 지키지 않아도 괜찮다고 생각해요. 시를 쓰다가 잘 써지지 않아도 '괜찮아. 다시 쓰면 되지.' 하고 생각해요.

  그것은 제 어머니가 항상 "괜찮다. 다시 해 봐라." 하고 말씀하셨기 때문이에요. 어머니의 말씀은 언제나 제 가슴속에서 저를 도와주고 있어요.

  이제 여러분도 엄마 아빠나 선생님이나 이웃 어른이 하시는 말씀을 귀담아 들어 보세요. 살아가는 데에 평생 귀한 말씀이 되어 여러분을 도와줄 거예요.

  저는 어린이 여러분에게 힘이 되는 귀한 말씀을 한마디씩 들려 드리려고 이 책을 썼어요. 이 책에 있는 한마디 말씀이 여러분에게 큰 힘이 되어 줄 게 틀림없어요.

2025년 봄

정호승

차례

작가의 말 ★ 6

1부 나는 이 세상에 한 사람뿐이에요

엄마만큼 나를 사랑하는 사람은 없어요 ★ 12

부모님을 사랑하는 일이 나를 사랑하는 일이에요 ★ 16

제비꽃은 제비꽃답게 피면 돼요 ★ 20

내가 가장 하고 싶은 일을 하세요 ★ 26

나를 사랑하세요 ★ 30

2부 어떤 일이든 부딪쳐 보면 알게 돼요

무슨 일이 있어도 "괜찮아." 하고 말해 보세요 ★ 36

힘든 일은 피하지 말고 부딪쳐 보세요 ★ 40

보물은 찾기 쉬운 곳에 있어요 ★ 44

어려움은 나를 성장시켜요 ★ 48

노력이 재능이에요 ★ 52

3부 나를 믿어 봐요

꼴찌도 첫째가 될 수 있어요 ★ 58

사람은 누구나 잘못할 수 있어요 ★ 62

이 세상에 쓸모없는 것은 없어요 ★ 66

성공할 때까지 포기하지 마세요 ★ 70

참는 게 이기는 거예요 ★ 74

4부 차곡차곡 내일을 쌓아 가요

오늘이 바로 나의 내일이에요 ★ 80

멀리 있는 것을 향해 목표를 세우세요 ★ 84

햇빛이 계속되면 사막이 되어 버려요 ★ 88

지나간 1분은 세상의 돈을 다 줘도 살 수 없어요 ★ 92

가장 용감한 사람은 남에게 질 줄 아는 사람이에요 ★ 96

1부

나는 이 세상에
한 사람뿐이에요

엄마만큼 나를
사랑하는 사람은 없어요

엄마 낙타와 새끼 낙타가 사막을 걸어가고 있었어요.
햇볕은 뜨거웠어요.
새끼 낙타는 엄마 낙타가 드리우는 그림자 속으로만 걸어갔어요.
얼마나 걸어갔을까요. 새끼 낙타는 목이 말랐어요.
시원한 물을 먹고 싶었어요.
그때 마침 물이 고인 웅덩이가 나타났어요.
새끼 낙타는 얼른 물웅덩이 아래로 길게 목을 내뻗었어요.
웅덩이가 너무 깊어 목이 물에 닿지 않았어요.
목은 마른데 물을 먹을 수가 없었어요.
그때 엄마 낙타가 웅덩이 속으로 첨벙 뛰어들었어요.
물이 웅덩이 밖으로 흘러넘쳤어요.

새끼 낙타는 힘들이지 않고 맛있게 물을 먹었어요.
그러나 엄마 낙타는 웅덩이 밖으로 나오지 못하고 말았어요.

엄마 낙타가 왜 웅덩이 속으로 뛰어들었을까요?
바로 새끼 낙타에게 물을 먹이기 위해서예요.
그러나 정작 엄마 낙타는 웅덩이 밖으로 나오지 못했어요.
엄마 낙타는 새끼 낙타를 위해 자신을 희생한 거예요.
이렇게 엄마는 자신의 목숨까지 버릴 만큼 자식을 사랑해요.
이 세상에서 나를 가장 사랑하는 사람은 누구일까요?
바로 나의 엄마예요. 엄마가 나를 가장 사랑해요.
그런데 나는 엄마가 나를 얼마나 사랑하는지 잘 깨닫질 못해요.
마치 물과 공기가 얼마나 소중한지 잘 모르는 것처럼요.
물이 없으면 나는 생명을 유지할 수 없어요.

그런데도 물이 항상 내 곁에 있으니까 그 고마움을 알지 못해요.

공기가 없으면 나는 숨을 쉴 수 없어요.

그런데도 공기가 항상 있으니까 그 고마움을 몰라요.

내 엄마도 이렇게 물과 공기와 같아요.

내 곁에 엄마가 항상 계시니까 엄마가 얼마나 소중한지 모르는 거예요.

엄마는 나의 생명이에요.

언제 어디서나 항상 나를 사랑하는 엄마가 있어서 나는 살아갈 수 있어요.

부모님을 사랑하는 일이
나를 사랑하는 일이에요

장미는 줄기가 길게 자랄수록 바람에 휘청거렸어요. 정원사는 그런 장미를 보다 못해 대나무를 잘라 장미 줄기에 대 주었어요. 대나무가 바람에 휘청거리는 장미의 버팀목이 되어 준 것이었어요. 그러나 장미는 대나무가 자기를 구속하는 것 같아 무척 싫었어요.

"제발 이 버팀목을 좀 치워 주세요. 내 맘대로 움직일 수 없어서 너무 답답해요!"

장미는 정원사에게 소리쳤어요.

정원사는 버팀목을 싫어하는 장미가 무척 안타까웠어요.

"장미야, 네가 아름답게 아무 탈 없이 잘 자라려면 이 버팀목이 꼭 필요하단다."

정원사는 장미를 달래려고 노력했어요.

그러나 장미는 그게 아니었어요.

"제발 날 좀 내버려둬요! 이따위 대나무 버팀목은 필요 없어요. 귀찮아 죽겠어요."

정원사는 하는 수 없이 버팀목을 치워 주었어요.

그날 밤, 거센 바람과 함께 폭풍우가 몰아쳤어요. 버팀목이 없어 아무 데도 기댈 수가 없었던 장미는 그만 뿌리째 뽑히고 말았어요.

'아, 내가 잘못했구나. 정원사의 말을 들었어야 했어.'
장미가 흙바닥에 나뒹굴면서 뒤늦게 후회해 봐야 아무 소용이 없었어요.

장미는 대나무 버팀목을 왜 싫어했을까요?
버팀목이 자기를 꼼짝 못 하게 구속한다고 생각했기 때문이에요. 버팀목은 장미가 바람에 휘청거리지 않고 잘 자랄 수 있도록 도와주려고 한 것인데도 말이에요.
버팀목의 도움을 거절한 장미는 결국 어떻게 되었나요?
태풍을 견디지 못하고 송두리째 뽑혀
흙바닥에 나뒹굴게 되었어요.
혹시 엄마 아빠가 나한테 이래라
저래라 자꾸 간섭한다고
생각하세요?

어떤 때는 듣기 싫을 정도로 잔소리를 하거나 나를 나무란다고 생각하세요?

혹시 그렇다면 대나무 버팀목을 거절한 장미를 한번 생각해 보세요.

잔소리와 간섭은 엄마 아빠가 나를 사랑한다는 의미예요.

정원사가 장미를 사랑하기 때문에 대나무 버팀목을 대어 준 것과 같아요. 엄마 아빠는 나의 버팀목이니까요. 나는 엄마 아빠라는 버팀목에 기대어 올곧게 자라고 있어요. 엄마 아빠가 없으면 어려움이라는 태풍이 불어왔을 때 장미처럼 몽땅 뽑혀 흙바닥에 나뒹굴 수 있어요.

엄마 아빠가 나를 사랑하는 것처럼 엄마 아빠를 사랑해 보세요.

부모님을 사랑하는 일은 나 자신을 사랑하는 일과 다르지 않아요.

제비꽃은 제비꽃답게
피면 돼요

제비꽃이 장미꽃을 보자 너무나 부러웠어요.
자기도 장미처럼 아름답고 향기로운 꽃이 되고 싶었어요.
그래서 밤새도록 잠도 자지 않고 하느님께 기도했어요.
"하느님! 나도 장미꽃이 되게 해 주세요!"
그러나 제비꽃은 아침이 올 때까지 장미꽃이 되지 않았어요.
다음 날도 그다음 날도 아무리 기도해도 제비꽃은
장미꽃이 되지 않았어요.

왜 그럴까요? 왜 제비꽃은 장미꽃이 되지 못했을까요?
제비꽃은 제비꽃대로, 장미꽃은 장미꽃대로 아름답기 때문이에요.
다른 사람이 나보다 더 아름답다고 여겨질 때가 있어요.
아니에요. 나는 나대로 아름답고 다른 사람은 다른 사람대로 아름다운 거예요.

다른 사람을 나보다 더 아름답다고 여기는 것은 나를 다른 사람과 부정적으로 비교한 거예요.

나의 아름다움은 보지 못하고 남의 아름다움만 본 거예요.

남의 장점만 보고 나의 장점은 보지 못한 거예요.

남의 장점 때문에 나의 장점이 단점이 된 거예요.

본디 꽃들은 남과 비교하지 않아요.

제비꽃은 장미와 비교하지 않고, 장미는 백합과 비교하지 않아요.

네가 예쁘다, 내가 예쁘다 하고 다투거나 시기하지도 않아요.

꽃들은 남을 부러워하지도 않아요.

제비꽃은 장미를 부러워하지 않고, 장미는 백합을 부러워하지 않아요.

오직 주어진 그대로 감사하고 서로 어울리며 열심히 살아가요.

그런데 사람들은 남과 나를 자꾸 비교해요.
남과 나를 비교하는 일만큼 어리석은 일은 없어요.
제비꽃이 제비꽃이면 되듯이 나 또한 이대로 나 자신이면 돼요.
제비꽃은 제비꽃답게 피면 되고, 장미꽃은 장미꽃답게 피면 돼요.
세상에 아름답지 않은 꽃은 없듯이 세상에 쓸모없는 사람은 없어요.
지금 있는 그대로의 내가 가장 아름다워요.

내가 가장 하고 싶은
일을 하세요

선생님께서 초등학생 아이들에게 질문을 하셨어요.

"너는 커서 무엇이 되고 싶니?"

첫 번째 아이가 대답했어요.

"돈을 많이 벌어서 큰 부자가 되겠습니다."

두 번째 아이가 대답했어요.

"장군이 되어 싸움에서 승리하는 사람이 되겠습니다."

세 번째 아이가 대답했어요.

"대통령이 되어 나라를 다스리는 사람이 되겠습니다."

구석에 앉아 친구들의 말만 듣고 있던 아이에게 선생님이 물었어요.

"넌 커서 무엇이 되고 싶니?"

그 아이가 대답했어요.

"저는 아버지가 하는 일을 하겠습니다."

선생님이 의아해서 다시 물었어요.

"아버지가 무슨 일을 하시는데?"
그러자 아이가 조그만 목소리로 대답했어요.
"아버지는 종 치는 일을 하십니다. 그 종소리에 사람들이 깨어나고 또 기도도 드립니다. 저는 아버지를 따라 종 치는 사람이 되겠습니다."

아이는 왜 아버지처럼 종 치는 사람이 되고 싶다고 했을까요?
공부도 못하고 꿈이 없기 때문일까요?
아니면 어리석기 때문일까요?
아니에요. 아버지의 일을 중요하고 가치 있는 일이라 여겼기 때문이에요.
아이도 아버지처럼 종소리를 울려 사람들을 깨워 기도를 올리게 하는 일을 하고 싶었기 때문이에요.
부자가 되거나 장군이 되거나 대통령이 되는 일도 중요하고 가치 있는 일이에요. 그렇지만 아이는 종을 치는 사람이 되는 게 더 가치 있고 중요한 일이라고 생각한 거예요.
사람마다 중요하고 가치 있다고 생각하는 일은 다 달라요. 높고 큰 것만이 가치 있는 것은 아니에요. 작고 낮다고 해서 가치 없는 것은 아니에요.
여러분은 나중에 무엇이 되고 싶으세요?

내가 가장 되고 싶은 것이 되세요.

여러분은 나중에 무엇을 하고 싶으세요?

내가 가장 하고 싶은 일을 하세요.

내가 가장 되고 싶은 것은 내가 지금 가장 원하는 것이에요.

내가 가장 하고 싶은 일은 내가 지금 가장 잘할 수 있는 일이에요.

내가 종을 가장 잘 치면 종을 치는 사람이 되면 돼요.

내가 노래를 가장 잘 부르면 노래를 부르는 사람이 되면 돼요.

어떤 일이든 내가 진정 원하는 일이 가장 중요하고 가치 있는 일이에요.

나를 사랑하세요

종달새 한 마리가 있었어요. 어느 날 종달새는 숲길을 가다가 고양이가 끌고 가는 작은 수레를 발견했어요. 그 수레에는 '신선하고 맛있는 벌레 팝니다'라고 써 있었어요. 종달새는 어떤 벌레인지 보고 싶었어요. 또 배가 고파 먹고 싶기도 해서 고양이한테 다가가 물었어요.
"벌레 한 마리 얼마예요?"
고양이는 종달새에게 깃털을 하나 뽑아 주면 맛있는 벌레 세 마리를 주겠다고 했어요. 종달새는 아무런 망설임 없이 그 자리에서 깃털을 하나 뽑아 주고 벌레 세 마리를 받아 맛있게 먹었어요. 깃털 하나 뽑았다고 해서 종달새가 날아다니는 데는 아무런 지장이 없었어요.
종달새는 한참 숲속을 날다가 또 벌레 생각이 났어요.
'여기저기 돌아다니면서 벌레 잡으려고 애쓸 필요 없이 그냥 깃털 몇 개 뽑아 주면 되잖아.'
종달새는 깃털을 뽑아 주고 맛있는 벌레를 배부르게 먹을 수 있다는 생각에 얼른 고양이를 찾아갔어요.
이번엔 깃털 두 개를 뽑아 주고 벌레 여섯 마리를 받아먹었어요. 종달새는 이러기를 수십 차례 했어요. 그런데 어느 순간 하늘을 날려고 하자 날갯짓이 잘되지 않고 숨이 찼어요.
잠시 풀밭에 앉아 있던 그때, 벌레를 팔던 고

양이가 갑자기 종달새를 덮쳤어요. 평소 같으면 달려드는 고양이를 피하는 일쯤은 아무것도 아니었어요. 그러나 깃털이 듬성듬성해진 날개로는 재빠르게 움직일 수가 없었어요. 결국 종달새는 고양이의 먹이가 되고 말았어요.

종달새가 고양이한테 자기의 깃털을 팔지 않았으면 얼마나 좋았을까요. 그러면 고양이한테 잡아먹히는 일도 없었을 텐데요. 종달새는 스스로 먹이를 구할 생각을 하지 않고 자기를 팔 생각을 했어요. 이는 자기 자신을 소중히 여기지 않은 거예요.

이 세상에서 누가 가장 소중할까요? 바로 나 자신이에요.
이 세상에서 누가 가장 가치 있는 존재일까요? 바로 나 자신이에요.
그렇기 때문에 무슨 일이 있어도 나 자신의 가치를 팔면 안 돼요.
나 자신의 가치를 내가 소중히 지켜야 해요. 나를 지킬 수 있는 이는 나 자신뿐이에요. 나를 사랑할 수 있는 이도 나 자신뿐이에요. 내가 나를 사랑해야 진정 다른 사람을 사랑할 수 있어요.
지금 있는 그대로의 나는 신이 주신 가장 위대한 선물이에요. 그 선물을 언제나 감사하게 받아들이고 소중히 여겨야 해요.

어떤 일이든
부딪쳐 보면 알게 돼요

무슨 일이 있어도
"괜찮아." 하고 말해 보세요

한 소녀가 생일 선물로 받은 반지를 잃어버렸어요.
아무리 찾아도 보이지 않아 집으로 돌아와 엄마한테 말했어요.
"엄마, 반지를 잃어버렸어! 어떡해."
소녀는 엄마한테 말하면서 울먹였어요.
그러자 엄마가 소녀의 손을 잡고 웃으면서 말했어요.
"괜찮아. 손가락은 그대로 있잖니."

아마 소녀는 엄마 말에 울다가 웃었을 거예요.
그러면서 엄마한테 이렇게 말했을 거예요.
"맞아, 엄마. 누가 내 손가락마저 가져가 버렸으면 어떡할 뻔했어."
아니면 이렇게 말했을 거예요.
"엄마, 손가락을 안 잃어버려서 정말 다행이야."
나도 요즘 무슨 일이 있을 때마다 늘 괜찮다는 생각을 해요.
길에 세워 둔 자전거가 쓰러져도 "괜찮아." 하고 천천히 일으켜 세워요.
친구가 나를 툭 치는 바람에 들고 있던 아이스크림을 길바닥에 떨어뜨려도 "괜찮아." 하고 말해요.
친구가 미안해하면 "괜찮아. 너무 미안해하지 마." 하고 말해요.
한번은 엄마한테 드리려고 지갑 속에 넣어 둔 돈을 잃어버렸어요.

그때도 '그래도 지갑은 그대로 있으니까 괜찮아.' 하고 생각했어요. 치과에 가서 치료를 받을 때도 '그래도 이를 빼지 않으니까 괜찮아.' 하고 생각했어요.

이렇게 괜찮다고 하면 정말 괜찮아져요. 안 된다고 하면 자꾸 안 되는 일이 많아져요. 괜찮다고 생각하면 작은 일에 크게 놀라지도 않게 돼요. 우리는 작은 일에도 마치 큰일이 난 것처럼 생각하고 걱정하잖아요. 그러면 오히려 일이 더 안 풀려요. 나는 늘 "괜찮아, 잘될 거야." 하고 말해요. 내가 원하지 않는 잘못된 일이 일어났을 때도 '왜 나에게 이런 일이 일어났지?' 하고 따지지 않아요.

'그래도 괜찮아.' 하고 있는 그대로 받아들여요. 그러면 일이 더 잘될 거예요.

힘든 일은 피하지 말고
부딪쳐 보세요

어떤 사람이 신나게 자전거를 타고 길을 가고 있었어요.

그때 갑자기 개 한 마리가 나타났어요.

그는 개를 치지 않으려고 급하게 핸들을 꺾었어요.

그러나 달려오는 개를 피하지 못하고 그만 치고 말았어요.

크게 다치지 않았지만 개에게 너무나 미안했어요.

그 뒤부터 그는 자전거를 탈 때마다 개를 치지 않으려고 조심했어요.

그런데 그건 생각보다 무척 어려운 일이었어요.

개를 피하려고 노력하는데도 개가 다가오면 그만 치고 말았어요.

그는 어떻게 하면 개를 치지 않을 수 있을까 곰곰 생각했어요.

'내가 개를 피하려고 하니까 개가 오히려 자전거 쪽으로 다가오는 거야. 이제부터는 내가 개를 피할 게 아니라 개가 자전거를 피하게 하자. 내가 원래 자전거를 타던 방향으로 타면 개도 알아차리고 피할 거야.'

그는 그런 생각으로 다가오는 개를 피하지 않고 자전거를 탔어요. 그

랬더니 개가 자전거를 피해 갔어요.
자전거를 타면서 개를 치지 않는 방법은 개를 어떻게든 피하는 게 아니라 오히려 마주하는 것이었어요.

누구나 힘든 일이 많아요. 여러분은 학교나 학원에 가서 공부하는 일이 가장 힘들 수 있어요. 숙제하는 일, 피아노 배우는 일, 수학을 배우는 일, 영어 공부하는 일 등 모두 힘들 수 있어요. 배움이 즐겁고 기쁠 때도 있지만 어떤 때는 싫고 힘들기도 해요.
그럴 때는 어떻게 하면 좋을까요?
힘든 일일수록 먼저 하는 게 좋아요.
피하지 않고 부딪치는 게 좋아요.
피하기만 하면 계속 피해야 해요.
언젠가 내가 꼭 해야 할 일이라면 일단 부딪쳐 봐야 해요.
그래야 힘든 부분이 무엇인지, 그것을 어떻게 풀어야

할지 알 수 있어요.
아무리 하기 싫은 힘든 일이라도 피하지 말고 부딪쳐 보세요. 분명히 좋은 결과가 있을 거예요.

보물은
찾기 쉬운 곳에 있어요

학교에서 봄 소풍을 갔어요. 선생님께서는 이번에도 보물찾기를 준비하셨어요. 번호를 적어 놓은 쪽지를 이곳저곳에 숨겨 놓으셨어요. 나는 이번에야말로 보물을 꼭 찾고 싶었어요. 6학년이 되도록 단 한 번도 보물찾기에 성공해 본 적이 없어요.

친구들은 보물을 찾아 상품을 받곤 했지만 나는 한 번도 상품을 받은 적이 없어요. 이번에는 꼭 보물찾기에 성공해서 좋은 상품을 타고 싶었어요.

그런데 아무리 찾아도 보물을 찾을 수 없었어요. 바위 밑은 물론 올라가기 힘든 높은 나뭇가지까지 올라가 보았으나 보물은 없었어요.

보물 쪽지를 찾아 상을 타는 친구들이 부럽다 못해 미워지기까지 했어요. 선생님도 원망스러웠어요.

보물찾기 시상식이 다 끝나고 자리에서 일어날 때였어요. 돌멩이 하나가 내 발부리에 툭 차였어요. 아, 그런데 바로 그 돌멩이 밑에 보물 쪽지가 있었어요.

보물은 멀고 높은 데 있는 게 아니었어요. 찾기 힘들다고 생각되는 곳에 있는 게 아니었어요. 바로 내 발밑에 있었어요.

왜 보물을 못 찾았을까요?

보물은 쉽게 찾을 수 없는 곳에 있다고 생각했

기 때문이에요.
선생님은 찾기 어려운 곳이 아니라 누구나 쉽게 찾을 수 있는 곳에 쪽지를 놓아두었어요.
발에 툭 차이는 돌멩이 밑이나 나뭇가지 사이에 살며시 놓아두었어요.
그런데 나는 그런 쉬운 곳은 찾지 않았어요. 보물은 찾기 어려운 곳에 있을 거라고 생각하고 그런 곳만 찾았어요.
보물은 찾기 쉬운 곳에 있었어요.

어려운 것일수록 쉽게 생각하는 게 좋아요.
힘들고 어려운 일일수록 문제 해결 방법이 쉬울 수가 있어요. 어렵게 생각하면 자꾸 어려워질 뿐이에요.
어떤 사람은 공부가 가장 재미있다고 해요.
왜 공부가 재미있을까요?
어렵게 생각하지 않고 쉽게 생각하기 때문이에요.
모든 일을 쉽게 생각하는 게 좋아요.
어려운 일일수록 쉽게 생각하세요.

어려움은
나를 성장시켜요

한 사람이 사막을 건너다가 오아시스를 발견했어요. 그는 얼른 오아시스에 가 잠시 쉬며 목을 축였어요. 그때 어린 야자수 한 그루가 눈에 띄었어요. 그는 장난 삼아 무거운 돌을 하나 주워 그 야자수 꼭대기에 올려놓았어요. 그러고는 그만 그곳을 떠났어요.

어린 야자수는 돌을 내려놓기 위해 갖은 애를 썼어요. 허리를 굽혀 보기도 보고, 앞뒤로 몸을 흔들어 보기도 했어요. 그러나 돌을 내려놓을 수가 없었어요.

어린 야자수는 머리 위에 돌을 얹은 채 살아가기 위해 땅속 깊이 뿌리를 내렸어요. 야자수 뿌리는 땅속으로 흐르는 시원한 물을 힘껏 빨아들였어요. 커다란 잎은 햇빛을 향해 쭉쭉 뻗어 나갔어요.

그렇게 어린 야자수는 무거운 돌의 무게를 견디며 점점 자라 마침내 크고 강한 야자수가 되었어요.

몇 년 뒤, 그 사람이 다시 오아시스를 찾아왔어요. 자신이 돌을 올려놓은 야자수를 찾아보았으나 얼른 찾을 수가 없었어요.

그때, 가장 크고 아름다운 야자수가 그에게 몸을 숙이며 인사했어요. 그는 그 야자수의 머리 위에 놓인 돌을 보고 깜짝 놀랐어요.

"당신은 정말 좋은 사람이에요. 저는 당신이 다시 오면 꼭 감사하다는 말을 하고 싶었어요. 당신이 제 머리 위에 올려놓은 돌이 저를 강하게 만들어 주었어요."

야자수는 왜 자기에게 해를 입힌 사람이 고마웠을까요?
어린 야자수 머리에 무거운 돌을 얹어 놓고 간 사람은 좋은 사람이 아니잖아요. 머리에 무거운 돌을 이고 자라야 했던 어린 야자수는 얼마나 힘들고 고통스러웠겠어요. 그런데 야자수는 그 사람에게 크게 고마워했어요. 왜 그럴까요?
그건 그 돌이 어린 야자수로 하여금 열심히 노력하며 살아가게 만들었기 때문이에요. 어린 야자수를 크고 강하게 성장하게 하는 동기를 마련해 준 거예요.
어린 야자수는 쓰러지지 않기 위해 더 깊게 뿌리를 뻗어 물을 충분히 먹을 수 있었어요. 어쩌면 머리에 돌이 얹히는 힘든 일이 없었으면 지금

처럼 아름답고 강한 야자수로 자라지 못했을 거예요.
견디기 힘든 일은 나를 강하게 만들어 줄 수 있어요. 힘들다고 주저앉으면 나는 더 이상 자라지 않아요. 그 힘든 일 때문에 내가 더욱 아름답게 성장할 수 있어요.

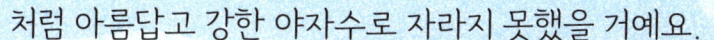

노력이 재능이에요

쇠망치로 돌을 깨는 석공이 있었어요. 그 사람이 깨지 못하는 돌은 없었어요. 아무리 단단한 돌이라도 그 사람 손에만 가면 금이 가고 둘로 쩍 깨어졌어요. 그는 채석장에서 없어서는 안 될 사람이 되었어요.
하루는 다른 석공이 그에게 물었어요.
"당신은 못 깨는 돌이 없는데 도대체 그 비결이 뭐예요?"
"글쎄요. 특별한 비결은 없어요. 돌이 깨어질 때까지 망치로 내리치는 것 외에는요."
그는 잠시 망치질을 멈추고 다시 말을 이었어요.
"한번은 백 번을 망치질했는데도 돌이 깨어지지 않았어요. 그래서 그만 포기해 버릴까 하다가 한 번 더 내리쳤어요. 그러자 돌이 깨어졌어요. 백한 번째 내리치자 돌이 깨어진 거예요."

석공이 쇠망치로 돌을 백 번이나 내리쳤는데도 깨어지지 않았어요.
그런데 백한 번째 내리치자 돌이 쩍 갈라졌어요.
어떻게 한 번 더 내리치자 돌이 깨어졌을까요? 그것은 백한 번째 내리친 단 한 번의 힘 때문이었을까요?
아니에요. 그때까지 내려친 횟수 하나하나가 다 합쳐진 힘 때문이에요. 이때 돌을

내려친 횟수란 힘들어도 참고 견딘 노력을 의미해요.

이 세상에 태어날 때 누구나 다 하나씩 공평하게 지니고 태어나는 게 있어요. 그게 뭘까요? 바로 재능이에요.

우리는 모두 재능을 한 가지씩 가지고 태어나요. 그런데 문제는 대부분 그것을 잘 모른다는 거예요.

'난 왜 특별히 잘하는 게 아무것도 없지?'

누가 이렇게 생각한다면 아직 자기 재능을 발견하지 못한 거예요.

재능을 발견했다 하더라도 노력하지 않았기 때문이에요. 노력하지 않

으면 재능을 발견할 수가 없어요. 우연히 발견했다 하더라도 재능이 발휘되지 못할 수도 있어요. 재능에는 반드시 노력이 따라야 하니까요.
매회 올림픽에서 우리나라 양궁 선수들이 금메달을 많이 따요. 그 선수들은 태어날 때부터 활을 잘 쏘는 재능이 있었을까요?
아니에요. 끊임없이 노력한 결과일 뿐이에요.
노력이 바로 재능이에요.

3부

나를 믿어 봐요

꼴찌도
첫째가 될 수 있어요

"저는 더 이상 에디슨을 가르칠 수 없어요. 아무래도 이 아이는 학업을 따라갈 수 없다고 판단돼요. 늘 꼴찌에다 지능도 떨어지고 더 이상 학교에서 수업을 받는 것은 무리예요."

이렇게 에디슨은 초등학교에 입학한 지 3개월 만에 퇴학을 당했어요. 그러나 에디슨 어머니는 포기하지 않았고 오히려 에디슨에게 힘이 되어 주었어요.

"얘야, 학교에 가지 못해도 혼자서 열심히 공부하면 학교에 다니는 사람 못지않게 훌륭한 사람이 될 수 있다. 걱정하지 마라. 네가 잘하리라 믿는다."

어린 에디슨은 어머니의 말에 힘입어 혼자서 열심히 공부했어요. 공부만 한 게 아니라 가난한 집안 살림을 돕기 위해 기차 안에서 신문이나 과자를 팔기도 했어요. 기차에서 물건을 파는 일은 여러 곳을 돌아다녀야 하는 고된 일이었어요. 그러면서도 에디슨은 항상 새로운 물건을 연구하고 만드는 일에 관심을 가졌어요. 시간을 쪼개 기차 화물칸에다 실험실을 만들어 연구를 하기도 했어요.

한번은 실험을 하던 중에 불이 나 기차에 큰 불을 낼 뻔했어요. 이 일로 차장에게 고막이 터질 정도로 매를 맞아 한쪽 귀를 못 쓰게 되

었어요.

사람들과 대화를 나누기 어려워진 에디슨은 더욱 실험에만 몰두했어요. 학교 교육을 거의 받지 못한 것을 만회하기 위해 독서에도 매달렸어요. 에디슨은 이런 노력 덕분에 축음기와 백열 전구 등 1000개가 넘는 발명 특허를 지닌 세계적인 발명가가 되었어요.

에디슨은 "천재란 1퍼센트의 영감과 99퍼센트의 노력으로 이루어진다."는 명언을 남겼어요.

만약 에디슨 어머니가 학교에서 퇴학당한 아들을 격려해 주지 않고 야단쳤다면 어떻게 되었을까요? 아마 에디슨은 세계적인 발명가가 되지 못했을 거예요. 어머니의 믿음과 사랑 때문에 오늘의 에디슨이 있게 된 거예요.

실은 학교에서 에디슨 어머니에게 보낸 진짜 편지 내용은 이러했어요.

"아드님은 제정신이 아닙니다. 정신 질환이 있는 것으로 보입니다. 학교에 다니게 할 수 없다는 결정을 내렸습니다. 아드님은 퇴학입니다."
에디슨 어머니는 이 편지를 읽고 너무나 슬펐지만 에디슨에게 이 편지를 달리 읽어 주었어요.
"에디슨은 천재입니다. 그런데 이 학교에는 아드님을 교육시킬 만한 훌륭한 선생님이 없습니다. 어머님께서 직접 가르치시는 편이 더 나을 듯합니다."
훗날 성공의 비결에 관해 질문을 받았을 때 에디슨은 이렇게 말했어요.
"내가 어려울 때 늘 나를 믿어 주고 격려해 주신 어머니 덕분입니다."
이렇게 학교에서 퇴학당한 꼴찌 에디슨은 결국 첫째가 됐어요.
내가 공부 좀 못한다고 해서 당장 하늘이 무너지는 것은 아니에요.
지금은 꼴찌이지만 나중엔 첫째가 될 수 있어요.

사람은 누구나
잘못할 수 있어요

조지 워싱턴이라는 소년이 농장 주위를 돌아다니며 신나게 놀던 날이었어요. 마침 대장간에서 노예 한 사람이 작은 도끼를 만들어 놓은 것을 보았어요. 새파랗게 날이 선 도끼가 여간 예쁘지 않았어요.

"도끼를 예쁘게 참 잘 만들었구나. 누가 이런 걸 만들라고 했지?"

"주인님의 특별 주문입니다."

"아버지가? 이리 줘 봐. 얼마나 잘 드나 내가 시험해 볼게."

노예에게 도끼를 건네받은 워싱턴은 정원으로 가 벚나무의 작은 가지를 내리쳤어요. 벚나무 가지가 싹둑 잘려 땅에 떨어졌어요. 워싱턴은 신이 나 벚나무 밑동을 내리찍었어요. 벚나무는 워싱턴의 도끼질에 그만 쓰러지고 말았어요.

그날 저녁, 외출에서 돌아온 워싱턴의 아버지가 잘린 벚나무를 보고 크게 화를 냈어요.

"어느 놈이 이런 못된 짓을 했어? 소중한 벚나무를 자르다니, 용서할 수 없어!"

집안은 난리가 났어요. 아버지의 고함에 워싱턴은 어디로 숨어 버리고 싶었어요. 그러나 워싱턴은 곧 고개를 숙이고 아버지 앞으로 다가갔어요.

"아버지, 제가 그랬습니다."

"뭐? 네가 이런 짓을 했다고? 무엇 때문에 이런 못된 짓을 한 거냐?"

"도끼가 잘 드는지 시험해 본다는 게 그만 그렇게 되었습니다. 제가 생각이 모자랐습니다. 잘못했습니다."

워싱턴은 기어들어 가는 목소리로 자신의 잘못을 진심으로 뉘우치고 용서를 구했어요.

아들의 정직한 태도를 본 아버지는 잠시 생각을 하다가 말했어요.

"알았다, 조지. 벚나무도 귀하지만, 나는 너의 정직한 태도를 본 것이 더 기쁘다. 사람은 누구나 잘못할 수 있고 실수할 수 있다. 네 잘못을 용서하마."

미국 초대 대통령 조지 워싱턴의 어린 시절 이야기예요. 워싱턴이 자기의 잘못을 숨기고 아버지한테 용서를 구하지 않았다면 어떻게 되었을까요? 아마 미국의 첫 번째 대통령은 다른 사람이었을 거예요.

화가 난 아버지에게 자신의 잘못을 숨기지 않고 말한 워싱턴도 훌륭하지만 그런 아들의 잘못을 용서한 아버지도 훌륭해요.

워싱턴 아버지 말씀대로 사람은 누구나 잘못할 수 있어요. 실수하지 않는 사람은 없어요. 중요한 것은 어떤 잘못을 저질렀을 때 그 잘못과 실수를 스스로 인정하고 용서를 구하는 태도예요.

내가 부모님과 선생님, 또 친구들에게 뜻하지 않게 잘못을 저질렀을 때 어떻게 해야 할까요? 워싱턴처럼 행동하면 분명히 용서해 주실 거예요. 친구하고는 더 친한 사이가 되고요.

잘못을 인정하지 않고 숨기면 작은 일이 큰 일이 되고 말아요. 내가 잘못했을 때는 사과하는 게 중요해요.

이 세상에
쓸모없는 것은 없어요

깨어지고 금이 간 물항아리가 하나 있었어요. 그 물항아리는 허리가 찌그러지고 깨어져 물이 새는 자신이 무척 싫었어요.

그래도 주인은 항아리를 버리지 않고 물을 길어 오는 데 늘 사용했어요. 깨진 물항아리는 주인에게 미안했어요.

'내가 주인에게 늘 폐만 끼치는구나. 나 때문에 힘들게 구한 물이 새어 버리는데도 나를 버리지 않으시다니…….'

깨진 물항아리는 물을 길어 집으로 돌아가는 길에 용기를 내 주인에게 물었어요.

"주인님! 제가 깨어져 물이 새는데 왜 아직 버리지 않으세요? 이제 물이 새지 않는 다른 항아리를 구해 물을 길으세요. 저는 이제 아무짝에도 쓸모가 없어요."

주인은 아무 말 없이 잠자코 미소만 띠었어요. 물이 새는 항아리와 물이 새지 않는 항아리를 양쪽 어깨에 지고 계속 집으로만 향했어요. 그러다가 어느 길모퉁이를 지나면서 조용히 말했어요.

"그동안 우리가 물을 길으면서 걸어온 길을 한번 뒤돌아보아라."

깨진 물항아리는 늘 물을 길어 집으로 돌아오던 길을 돌아보았어요. 한쪽 길가에 예

쁜 꽃들이 여기저기 아름답게 피어 있었어요.
"이 메마른 산길에 어떻게 이토록 아름다운 꽃들이 피었을까요?"
그러자 주인이 빙그레 웃으면서 말했어요.
"이 꽃들은 네가 지나다닐 때마다 흘린 물을 먹고 자란 꽃들이다. 네가 이 꽃들을 피운 거란다. 물이 새지 않는 항아리가 지나다닌 길가엔 꽃이 피지 않았단다."

깨어져 물이 새는 항아리는 자신이 아무짝에도 쓸모가 없다고 생각했어요. 물항아리가 깨어져 물이 새면 더 이상 물항아리로서의 가치가 없어요. 그런데도 주인은 깨진 물항아리로 계속 물을 길어 왔어요. 집에 와서 물독에 부을 물이 얼마 되지 않는데도 말이에요.
주인은 왜 물이 새는 물항아리를 버리지 않고 계속 가지고 다녔을까요?
이 세상에 쓸모없는 것은 아무것도 없다고 생각했기 때문이에요.

그러면 물이 새는 항아리는 어떤 쓸모가 있었을까요? 물을 계속 흘려 메마른 땅에 아름다운 꽃을 피어나게 했어요. 목말라 시들어 가던 꽃나무들은 물이 새는 항아리가 그 얼마나 고맙고 소중했겠어요.
이 세상에 쓸모없는 것은 하나도 없어요. 쓸모없는 사람도 아무도 없어요. 사람은 누구나 어떤 쓸모를 지니고 태어나요.

성공할 때까지
포기하지 마세요

일본에 오노도후라는 사람이 있었어요. 그는 어릴 때부터 서예가가 되는 게 꿈이었어요. 그러나 아무리 노력해도 서예가로서 성공할 자신이 없었어요. 스승께서는 칭찬 한마디 없이 늘 "더 잘 쓰도록 하라."는 말씀만 하셨어요.

"이젠 지쳤어! 아무리 해도 나는 안 돼. 포기해야 해. 고향으로 돌아가는 게 낫겠어."

그는 서예 공부를 그만둘 결심을 하고 비바람이 몰아치는 날 스승님께 마지막 인사를 드리러 갔어요. 그런데 스승님의 집 앞 개울가를 지날 때였어요. 개울가 바위에서 조그마한 개구리 한 마리가 버드나무 가지를 붙잡으려고 자꾸 뛰어오르는 모습이 보였어요. 개구리는 불어난 개울물에 떠내려가지 않으려고 바위 위로 드리운 버드나무 가지를 향해 계속 뛰어올랐어요. 그러나 버들가지는 미끄럽고 너무 높아 개구리가 아무리 애를 써도 붙잡히지 않았어요.

'어리석게도 너도 나처럼 불가능한 일에 힘을 쏟고 있구나. 노력할 걸 노력해야지…….'

그는 그 개구리가 자신과 닮았다고 생각했어요.

그때, 거센 바람이 불어 버들가지가 개구리 쪽으로 휙 휘어졌어요. 개구리는 펄쩍 뛰어올라 버드나무 가지를 붙잡았어요. 결국 개구리는 버드나무 위로 올라가 살아남았어요. 그걸 보고 그는 큰 깨달음을 얻었어요.
'아, 어리석은 건 개구리가 아니라 바로 나 자신이구나! 저런 미물도 저렇게 죽을힘을 다해 나무에 기어오르는데, 내가 여기에서 공부를 포기하다니 참 부끄럽구나!'
그는 그길로 돌아가 다시 열심히 서예 공부를 시작했어요.

서예가가 되겠다는 꿈을 포기하지 않고 다시 공부를 시작한 오노도후는 훗날 어떻게 되었을까요? 중국의 영향을 받은 글씨체에서 벗어나 자기만의 서체를 완성하며 일본 3대 서예가 중의 한 사람이 되었어요. 나중에는 '서예의 신'으로까지 불리게 되었어요.
오노도후가 그때 서예가의 꿈을 포기했더라면 당연히 서예가가 될 수 없었을 거예요. 결국 오노도후의 이야기는 성공할 때까지 포기하지 않고 도전하는 정신이 중요하다는 걸 뜻해요.
포기하지 않고 노력하는 사람을 당할 자는 없어요. 불가능하기 때문에 포기한다는 것은 노력하지 않은 자의 변명일 수 있어요. 오노도후의 개구리처럼 실패를 거듭해도 포기하지 않는 마음가짐이 중요해요.

어떤 일이 있어도 공부를 포기하지 마세요. 노력하는 사람은 성공할 때까지 포기하지 않아요.

참는 게
이기는 거예요

냉장고 냉동실에 참깨가 살고 있었어요. 검은 비닐봉지에 든 참깨들은 왜 차가운 냉동실에서 살아야 하는지 알 수가 없었어요.

"우리가 왜 냉장고에서 살아야 하는 거지?"
"우릴 여기에 넣은 농부 아저씨가 미워 죽겠어."
"어떻게 하면 여길 나갈 수 있을까?"
"난 밖으로 나가면 참기름이 되고 싶어."
"난 깨소금이 되고 싶어."
참깨들은 오들오들 떨면서 서로 이야기만 나눌 뿐이었어요.
"난 정말 추워 죽겠어. 더 이상 참을 수가 없어."
"온몸이 다 얼어붙었어."
"그래도 참고 견뎌야 해."
"언젠가는 귀하게 쓰일 날이 있을 거야."
참깨들은 서로 위로의 말을 나누며 잠들곤 했어요. 그렇지만 왜 냉장고에 살아야 하는지 아무도 그 이유를 몰랐어요.
겨울이 지나고 봄이 왔어요. 농부 아저씨가 냉장고 문을 열고 참깨들을 꺼내 주었어요.

"그동안 잘 있었니? 고생 많았다. 이제 너희는 밭에 뿌려질 거야."
그제야 참깨들은 왜 오랜 시간 참고 견뎌야 했는지를 깨달았어요. 농부는 밭에 뿌릴 종자로 참깨를 남겨 놓았던 거예요. 그런데 왜 그 추운 냉동실에 넣어 둔 건지는 여전히 알 수가 없었어요.

농부가 왜 종자로 쓸 참깨를 냉동실에 넣어 두었을까요?
그것은 고통을 참고 견딘 씨앗이 더 많은 싹을 틔우기 때문이에요.
농부는 창고에 보관한 참깨보다 냉동실에 보관한 참깨가 훨씬 더 많은 싹을 틔운다는 것을 잘 알고 있었어요.
영하 20도의 냉동실에서 참깨는 그 얼마나 춥고 고통스러웠겠어요.
참깨는 햇볕이 따스한 땅에 뿌려질 날을 기다리며 참고 또 참았어요.
만약 냉동실의 혹독한 추위를 참지 못했다면 아무리 흙의 가슴에 안겼더라도 이미 생명을 잃어 싹을 틔우지 못했을 거예요.
이렇게 작디작은 참깨 한 톨도 시련과 고통을 견뎌 내는 인내의 힘이 있어야 자신을 싹틔울 수 있어요. 냉동실의 추위를 참고 견딤으로써 더 많은 열매를 맺을 수 있었어요. 참지 못하면 이길 수 없어요. 결국 참는 것이 이기는 것이에요.

차곡차곡
내일을 쌓아 가요

오늘이 바로
나의 내일이에요

콩 자매가 있었어요. 언니 콩은 콩나물 장수, 동생 콩은 농부의 집으로 갔어요.

콩나물 장수한테 간 언니 콩은 안방에 놓인 시루에서 편안하게 살았어요. 배가 고프면 주인이 계속 뿌려 주는 물을 마셨어요. 아무 일도 하지 않고 따뜻한 콩 시루 안에서 낮잠을 자곤 했어요.

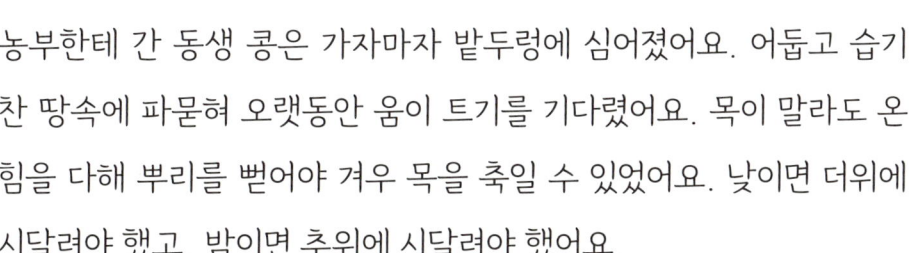

그러는 사이에 키가 쑥쑥 자라고 살도 통통하게 쪄서 키 큰 콩나물이 되었어요. 언니 콩은 곧 어디론가 팔려 갔어요. 저녁 준비를 하는 어느 집 부엌에서 한 그릇 콩나물국이 되었어요.

농부한테 간 동생 콩은 가자마자 밭두렁에 심어졌어요. 어둡고 습기 찬 땅속에 파묻혀 오랫동안 움이 트기를 기다렸어요. 목이 말라도 온 힘을 다해 뿌리를 뻗어야 겨우 목을 축일 수 있었어요. 낮이면 더위에 시달려야 했고, 밤이면 추위에 시달려야 했어요.

겨우 땅을 비집고 나와서는 비바람에 목이 꺾일 뻔한 일도 있었어요. 여름에는 뙤약볕 아래서 땀을 흘리며 꼬투리 안에 든 콩알이 익기를 기다렸어요.

드디어 추수하는 가을이 되었어요. 동생 콩은 타작마당으로 옮겨졌어요. 농부가 도리깨질을 할 때마다 수백 개의 콩알을 낳고 빈 콩깍지가 되었어요.

이 자매는 같은 콩인데도 서로 다른 길을 걸었어요. 언니 콩은 콩 시루 안에서 편안하게 살다가 콩나물국이 되었어요. 동생 콩은 콩밭에 심겨 온갖 고생을 하다가 가을에 많은 열매를 맺었어요. 어느 콩이 더 잘 살았다고 얘기할 수는 없어요.

언니 콩은 콩나물국이 돼 사람들에게 맛있는 밥을 먹게 했어요. 동생 콩은 콩나무로 자라 가을에 많은 콩을 생산했어요. 언니 콩이나 동생 콩이나 각자 열심히 살았어요.

그들은 왜 각자 다른 삶을 살게 되었을까요?

그것은 오늘의 삶이 서로 달랐기 때문이에요. 언니 콩은 콩나물 장수를 선택했기 때문에 콩나물국이 되었고, 동생 콩은 농부를 선택했기 때문에 많은 콩을 낳고 콩깍지가 되었어요. 이렇게 오늘 내가 무엇을 선택하는지가 아주 중요해요.

나의 미래는 나의 오늘이 결정해요. 나의 오늘이 바로 나의 내일이에요.
오늘 어떻게 살고 무엇을 결정하는지에 따라 나의 내일이 달라져요.
그러니까 오늘 이 순간을 열심히 살아야 해요.

멀리 있는 것을 향해
목표를 세우세요

한 농부가 아들을 데리고 밭에 나가 밭갈이를 했어요. 농부는 오전 내내 쟁기를 잡고 소를 몰았어요. 갈아 놓은 밭고랑이 아주 곧아 보기에 무척 좋았어요.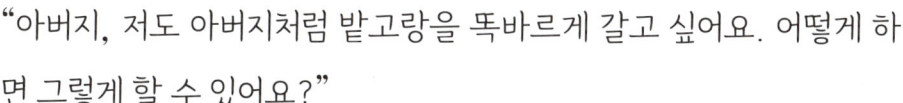
아들이 소를 몰고 간 밭고랑은 삐뚤빼뚤했어요. 아들은 아버지처럼 밭을 잘 갈고 싶었어요.
"아버지, 저도 아버지처럼 밭고랑을 똑바르게 갈고 싶어요. 어떻게 하면 그렇게 할 수 있어요?"
아버지가 아들에게 말했어요.
"밭을 갈 때는 먼저 목표를 정하고 소를 몰아야 한다."
아들은 아버지의 말씀을 귀담아 듣고 다시 쟁기를 잡았어요. 그런데 막상 목표를 정하려고 하자 소의 등과 큰 뿔만 보였어요. 아들은 소의 뿔을 목표로 하고 밭을 갈았어요. 이번에도 밭고랑이 삐뚤빼뚤 어지러웠어요.
그러자 아버지가 아들에게 다시 말했어요.
"움직이는 소는 목표가 될 수 없다.
저 멀리 언덕 위에 있는 미루나무를 목표로 해라."
아들은 아버지의 말씀을 그대로 따랐어요.
그제야 밭고랑이 똑바르게 갈렸어요.

소를 몰고 쟁기질을 해서 밭을 간다는 것은 무엇을 의미할까요?

내가 하루하루를 열심히 살아간다는 것을 의미해요.

앞으로 열심히 잘 살기 위해서는 어떻게 해야 할까요?

먼저 내가 무엇이 되겠다는 목표를 세워야 해요.

목표는 어떻게 세워야 할까요?

아들은 눈앞에 있는 소의 뿔을 목표로 삼고 밭을 갈아 밭고랑이 비뚤빼뚤해졌어요. 이는 당장 눈앞에 보이는 것을 목표로 삼지 말라는 뜻과 같아요. 바로 눈앞에 보이는 것은 언제든 변할 수 있어요. 그래서 아

버지는 멀리 언덕 위에 있는 미루나무를 목표로 삼으라고 한 거예요. 나의 목표도 보다 더 먼 곳에 두어야 해요. 당장 성적이 오르는 것도 중요하지만, 내가 어른이 되었을 때 되고 싶은 것을 목표로 세우는 게 더 중요해요. 그래야 그 목표를 향해 똑바로 걸어갈 수 있어요.

눈앞에 있는 목표를 이루려면 마음이 급해져요. 마음이 급하면 밭고랑이 삐뚤어지는 것처럼 오히려 목표를 이루기 어려워질 수 있어요.

여러분은 지금 목표를 세우되 멀리 보고 세우세요. 그리고 그 목표를 향해 천천히 뚜벅뚜벅 흔들리지 말고 걸어가세요.

햇빛이 계속되면
사막이 되어 버려요

고비 사막은 원래 비가 많이 오는 곳이었어요.
비가 너무 많이 와서 나무와 풀과 낙타와 여우가 살기에 어려웠어요.
그래서 고비는 신에게 햇빛이 내리쬐게 해 달라고 간청했어요.
신은 고비의 간청을 들어주면서 한 가지 조건을 내걸었어요.
그것은 다시는 비가 오게 해 달라고 할 수 없다는 조건이었어요.
고비는 햇빛이 너무나 간절한 나머지 그 조건을 받아들였어요.
신은 고비에게 햇빛을 내려 주었어요.
고비는 차츰 물이 마르면서 살기가 아주 좋아졌어요.
그러나 어느 정도 시간이 지나자 고비는 말라 가기 시작했어요.
예전처럼 비가 내려야만 했어요.
그러나 고비는 다시 비가 오게 해 달라고 할 수 없었어요.
신과의 약속을 지켜야만 했어요.
고비엔 계속 햇빛만 내리쬐었어요.
결국 고비는 사막이 되고 말았어요.

누구나 불행한 일이 일어나지 않기를 바라요. 언제나 좋은 일만 일어나기를 원해요.

나는 아침에 일어나면 오늘 하루도 절대로 나쁜 일은 일어나지 않게 해 달라고 기도해요. 나의 그런 기도는 고비가 햇빛을 내려 달라고 한 기도와 똑같아요.

햇빛이란 좋은 일, 즐겁고 기쁜 일, 행복한 일 등을 의미해요. 아마 대부분의 사람이 그런 햇빛만 원할 거예요. 여러분도 학교 공부 잘하고 좋은 대학 가서 좋은 데 취직하거나 좋은 사람 만나서 행복하고 건강하게 잘 살게 되기를 바랄 거예요.

우리 모두 그렇게 될 수 있을까요?

아무런 어려움이 없이 항상 행복하게 잘 살 수 있을까요?

그렇게 될 수는 없어요. 인간은 행복하게만 살 수 없어요.

행복과 불행, 좋은 일과 나쁜 일은 적절히 섞어서 일어나요.

고비는 햇빛과 비를 골고루 섞어서 알맞게 내려 달라고 부탁해야 했어요. 만일 그렇게 했다면 고비는 지금처럼 사막이 되지 않았을 거예요.

우리도 늘 햇빛만 들게 해 달라고 기도해서는 안 돼요. 그렇게 하다간 저 고비처럼 내 인생이라는 땅이 황폐한 사막이 되고 말 거예요.

지나간 1분은 세상의 돈을
다 줘도 살 수 없어요

호수에 조약돌을 던지는 일로 하루해를 보내는 소년이 살았어요. 소년은 그렇게 호수에 돌을 던지면서 고향에서 평생을 보냈어요. 그런데 어느 날 돌멩이를 던지는데 햇살에 돌멩이가 황금빛으로 반짝 빛났어요. 깜짝 놀라 자세히 살펴보자 그것은 금덩어리였어요.
소년은 그동안 돌멩이가 아니라 금덩어리를 호수에 던진 것이었어요. 그것은 바로 시간이라는 금덩어리였어요.

소년은 금덩어리를 왜 돌덩어리인 줄 알았을까요?
그것은 시간이 금덩어리인 줄 몰랐기 때문이에요.
그러면 저 소년만 시간이 금덩어리인 줄 몰랐을까요?
아니에요. 대부분의 사람이 시간이 금덩어리인 줄 모르고 소중히 여기지 않아요.
지금 이 세상에서 누가 시간의 부자일까요? 바로 여러분이에요.
영국에서는 지금 태어나는 아이들의 평균 수명을 120세로 예상하고 있어요.
이제 여러분의 평균 수명도 100세가 넘을 거예요.
평균 수명이 100세라고 해서 시간이 소중하지 않을까요?

아니에요. 아무리 평균 수명이 늘어나도 시간은 소중해요.

인생은 짧다고 해요. 어느 정도 짧을까요?

작은 새 한 마리가 이 나뭇가지에서 저 나뭇가지로 휙 날아가는 순간처럼 짧다고 해요. 밤하늘의 별똥별이 떨어지는 그 짧은 순간과도 같다고 해요. 아무리 시간 부자라고 해도 시간을 아껴야 해요. 그것도 부자일 때 시간을 아껴야 해요.

시간은 아무 소리 없이 아무도 알아차리지 못하게 흘러가기만 해요. 한번 지나간 시간은 다시는 되돌아오지 않아요. 한번 흘러간 강물이 되돌아오지 않듯이 시간도 한번 지나가면 그만이에요. 지나간 1분은 세상의 돈을 다 주어도 사지 못해요. 누가 시간을 판다면 내가 가진 모든 것을 다 주고서라도 사고 싶어요. 그러나 이 세상에서 누가 시간을 사고팔 수 있겠어요. 시간은 누구에게나 공평하게 주어져요.

그런데 어떤 사람은 시간이 많고 어떤 사람은 시간이 없어요. 그것은 내가 시간을 얼마만큼 소중히 여겼느냐에 따라 달라져요.

시간은 결코 나를 기다려 주지 않아요. 오히려 내가 시간을 기다려야 해요. 기다렸다가 적극적으로 나의 것으로 만들어야 해요. 그러기 위해서는 지금부터라도 시간을 아껴야 해요. 가치 없는 일에 더 이상 시간을 낭비하지 말아야 해요. 금덩어리 같은 시간을 돌덩어리로 만들지 않기 위해서는 단 1초의 시간이라도 아껴야 해요.

가장 용감한 사람은
남에게 질 줄 아는 사람이에요

어릴 때 형하고 같이 밥을 먹다가 형의 얼굴을 주먹으로 힘껏 갈겨 버린 일이 있어요. 형이 내 얼굴을 보며 코가 못생겼다고 장난삼아 놀렸는데, 나는 그만 그걸 못 참고 형의 얼굴에 주먹질을 한 거예요.

나는 덜컥 겁이 났어요. 밥을 먹다가 형에게 주먹을 휘둘렀으니 어떻게 되겠어요. 형한테 죽도록 얻어맞든지 밥상이 엎어지든지 무슨 수가 나도 날 판이었어요. 그런데 형이 "허허." 웃고 말더군요.

"야, 그만 밥 먹자, 미안하다."

형은 화를 내기보다 주먹질을 해 놓고 제바람에 놀라 씩씩대는 나를 오히려 달래 주었어요.

나는 속으로 '아이고, 살았다!' 싶었어요.

"얘가 미쳤나? 형한테 이게 무슨 짓이고?"

오히려 엄마가 화를 내며 나를 야단쳤어요.

나는 그때 형이 얼마나 고마웠는지 몰라요. 내가 동생한테 그렇게 맞았다면 아마 가만히 있지 않았을 거예요. 그래서 나는 그 이후로 형의 말이라면 더 잘 듣고, 형을 따르고 존경하는 동생이 되었어요.

남한테 지고 싶은 사람이 있을까요?

아마 아무도 없을 거예요. 어떻게든 남한테 이기고 싶은 게 사람의 본성이니까요.

특히 모르는 사람보다 가깝고 친한 사람한테는 더 지고 싶지 않아요. '사촌이 논을 사면 배가 아프다'라는 속담이 있는데 왜 배가 아플까요?

바로 가까운 이들한테 지고 싶지 않아 샘이 나는 마음 때문이에요.

예전에는 내가 형의 뺨을 때렸는데, 이제는 다른 사람들이 내 뺨을 때려요. 나랑 친한 이들이, 나와 가장 가까운 이들이 내 뺨을 때려요. 그럴 때마다 나는 형의 그 너그러운 미소를 떠올려요. 그러면 나를 때리는 사람이 가엽게 여겨지고 나도 모르게 져 주는 마음이 생겨요.

사람들은 이겨야 행복한 줄 알아요.

남을 누르고 남보다 앞장서야 잘 사는 줄 알아요.

꼭 그렇지만은 않아요. 지는 이에게도 기쁨이 있을 수 있어요. 내가 짐으로써 친구를 울지 않게 했다는 기쁨 말이에요. 그래서 진 것이 곧 이긴 것이 될 수 있어요.

부처님께서는 "나를 해치는 자를 가장 높이 받들라."라고 하셨어요. 성철 스님께서도 "가장 용감한 사람은 질 줄 아는 사람이다."라고 말씀하셨어요.

남에게 지기 위해서는 먼저 자신과의 싸움에서 이겨야 해요. 가장 큰 승리는 자신을 이기는 거예요. 그래야 세상에서 가장 용감한 사람이 될 수 있어요.

어린이에게 힘이 되어 준 한마디 따라 쓰기

정호승 글 | 심보영 그림

주니어김영사

작가의 말

　어린이 여러분! 세상에는 여러 가지 귀한 말씀이 있어요. 나와 가장 가까운 엄마나 아빠, 선생님이나 이웃 어른이 하시는 말씀도 있고, 이 세상을 먼저 떠난 분들이 남기신 말씀도 있어요.
　이 말씀은 우리를 인간답게 자라게 하고 인간답게 살아가게 해요. 이 세상을 어떻게 살아가야 할지 깨닫게 해 주고, 세상에서 무엇이 가장 중요한 것인지 알아차리게 해 줘요. 그래서 그런 말씀을 가슴에 품고 있으면 큰 힘과 용기를 얻게 돼요.
　저도 그런 말씀을 많이 간직하고 있어요. 무엇보다도 제 어머니의 말씀을 늘 잊지 않고 있어요. 어머니는 제가 무슨 일을 잘못하면 늘 "괜찮다."라고 말씀하셨어요. 물을 먹다가 물그릇을 엎어 버려도, 심부름을 제대로 못해도, 학교에 내야 할 돈을 잃어버려도 "괜찮다. 걱정하지 마라." 하고 말씀하셨어요. 또 제가 무슨 일을 하다가 어려움에 부딪쳐 포기하려고 하면 "괜찮다. 다

시 해 봐라." 하고 말씀하셨어요.

  그래서 저는 지금도 어떤 일이 있을 때 늘 괜찮다고 생각해요. 길을 가다가 넘어져도, 타야 할 기차를 놓쳐 버려도, 친구가 약속을 지키지 않아도 괜찮다고 생각해요. 시를 쓰다가 잘 써지지 않아도 '괜찮아. 다시 쓰면 되지.' 하고 생각해요.

  그것은 제 어머니가 항상 "괜찮다. 다시 해 봐라." 하고 말씀하셨기 때문이에요. 어머니의 말씀은 언제나 제 가슴속에서 저를 도와주고 있어요.

  이제 여러분도 엄마 아빠나 선생님이나 이웃 어른이 하시는 말씀을 귀담아 들어 보세요. 살아가는 데에 평생 귀한 말씀이 되어 여러분을 도와줄 거예요.

  저는 어린이 여러분에게 힘이 되는 귀한 말씀을 한마디씩 들려 드리려고 이 책을 썼어요. 이 책에 있는 한마디 말씀이 여러분에게 큰 힘이 되어 줄 게 틀림없어요.

2025년 봄

정호승

엄마만큼 나를 사랑하는 사람은 없어요

이 세상에서 나를 가장 사랑하는 사람은 누구일까요? 바로 나의 엄마예요. 엄마가 나를 가장 사랑해요. 그런데 나는 엄마가 나를 얼마나 사랑하는지 잘 깨닫질 못해요. 마치 물과 공기가 얼마나 소중한지 잘 모르는 것처럼요. 물이 없으면 나는 생명을 유지할 수 없어요. 그런데도 물이 항상 내 곁에 있으니까 그 고마움을 알지 못해요. 공기가 없으면 나는 숨을 쉴 수 없어요. 그런데도 공기가 항상 있으니까 그 고마움을 몰라요. 내 엄마도 이렇게 물과 공기와 같아요.

이 세상에서 나를 가장 사랑하는 사람은 누구일까요?

부모님을 사랑하는 일이
나를 사랑하는 일이에요

혹시 엄마 아빠가 나한테 이래라 저래라 자꾸 간섭한다고 생각하세요? 어떤 때는 듣기 싫을 정도로 잔소리를 하거나 나를 나무란다고 생각하세요? 혹시 그렇다면 대나무 버팀목을 거절한 장미를 한번 생각해 보세요. 잔소리와 간섭은 엄마 아빠가 나를 사랑한다는 의미예요. 정원사가 장미를 사랑하기 때문에 대나무 버팀목을 대어 준 것과 같아요. 엄마 아빠는 나의 버팀목이니까요.

혹시 엄마 아빠가 나한테 이래라 저래라
자꾸 간섭한다고 생각하세요?

제비꽃은
제비꽃답게 피면 돼요

다른 사람이 나보다 더 아름답다고 여겨질 때가 있어요. 아니에요. 나는 나대로 아름답고 다른 사람은 다른 사람대로 아름다운 거예요.

제비꽃은 장미를 부러워하지 않고, 장미는 백합을 부러워하지 않아요. 오직 주어진 그대로 감사하고 서로 어울리며 열심히 살아가요. 그런데 사람들은 남과 나를 자꾸 비교해요. 남과 나를 비교하는 일만큼 어리석은 일은 없어요. 제비꽃이 제비꽃이면 되듯이 나 또한 이대로 나 자신이면 돼요.

다른 사람이 나보다 더 아름답다고 여겨질 때가 있어요.

내가 가장 하고 싶은
일을 하세요

여러분은 나중에 무엇이 되고 싶으세요?
내가 가장 되고 싶은 것이 되세요.
여러분은 나중에 무엇을 하고 싶으세요?
내가 가장 하고 싶은 일을 하세요.
내가 가장 되고 싶은 것은 내가 지금 가장 원하는 것이에요.
내가 가장 하고 싶은 일은 내가 지금 가장 잘할 수 있는 일이에요.

여러분은 나중에 무엇이 되고 싶으세요?

나를 사랑하세요

이 세상에서 누가 가장 소중할까요?
바로 나 자신이에요.
이 세상에서 누가 가장 가치 있는 존재일까요?
바로 나 자신이에요.
그렇기 때문에 무슨 일이 있어도 나 자신의 가치를 팔면 안 돼요.
나 자신의 가치를 내가 소중히 지켜야 해요. 나를 지킬 수 있는 이는 나 자신뿐이에요. 나를 사랑할 수 있는 이도 나 자신뿐이에요. 내가 나를 사랑해야 진정 다른 사람을 사랑할 수 있어요.

이 세상에서 누가 가장 소중할까요?

무슨 일이 있어도 "괜찮아." 하고 말해 보세요

우리는 작은 일에도 마치 큰일이 난 것처럼 생각하고 걱정하잖아요. 그러면 오히려 일이 더 안 풀려요. 나는 늘 "괜찮아, 잘될 거야." 하고 말해요. 내가 원하지 않는 잘못된 일이 일어났을 때도 '왜 나에게 이런 일이 일어났지?' 하고 따지지 않아요.
'그래도 괜찮아.' 하고 있는 그대로 받아들여요. 그러면 일이 더 잘될 거예요.

우리는 작은 일에도 마치 큰일이 난 것처럼 생각하고 걱정하잖아요.

힘든 일은 피하지 말고 부딪쳐 보세요

힘든 일일수록 먼저 하는 게 좋아요. 피하지 않고 부딪치는 게 좋아요. 피하기만 하면 계속 피해야 해요. 언젠가 내가 꼭 해야 할 일이라면 일단 부딪쳐 봐야 해요. 그래야 힘든 부분이 무엇인지, 그것을 어떻게 풀어야 할지 알 수 있어요. 아무리 하기 싫은 힘든 일이라도 피하지 말고 부딪쳐 보세요. 분명히 좋은 결과가 있을 거예요.

힘든 일일수록 먼저 하는 게 좋아요.

보물은
찾기 쉬운 곳에 있어요

보물은 찾기 어려운 곳에 있을 거라고 생각하고 그런 곳만 찾았어요. 보물은 찾기 쉬운 곳에 있었어요. 어려운 것일수록 쉽게 생각하는 게 좋아요. 힘들고 어려운 일일수록 문제 해결 방법이 쉬울 수가 있어요. 어렵게 생각하면 자꾸 어려워질 뿐이에요.

보물은 찾기 어려운 곳에 있을 거라고
생각하고 그런 곳만 찾았어요.

어려움은
나를 성장시켜요

어린 야자수는 쓰러지지 않기 위해 더 깊게 뿌리를 뻗어 물을 충분히 먹을 수 있었어요. 어쩌면 머리에 돌이 얹히는 힘든 일이 없었으면 지금처럼 아름답고 강한 야자수로 자라지 못했을 거예요.
견디기 힘든 일은 나를 강하게 만들어 줄 수 있어요. 힘들다고 주저앉으면 나는 더 이상 자라지 않아요. 그 힘든 일 때문에 내가 더욱 아름답게 성장할 수 있어요.

어린 야자수는 쓰러지지 않기 위해 더 깊게 뿌리를 뻗어 물을 충분히 먹을 수 있었어요.

노력이 재능이에요

이 세상에 태어날 때 누구나 다 하나씩 공평하게 지니고 태어나는 게 있어요. 그게 뭘까요? 바로 재능이에요.
우리는 모두 재능을 한 가지씩 가지고 태어나요. 그런데 문제는 대부분 그것을 잘 모른다는 거예요.
'난 왜 특별히 잘하는 게 아무것도 없지?'
누가 이렇게 생각한다면 아직 자기 재능을 발견하지 못한 거예요.
재능을 발견했다 하더라도 노력하지 않았기 때문이에요. 노력하지 않으면 재능을 발견할 수가 없어요. 우연히 발견했다 하더라도 재능이 발휘되지 못할 수도 있어요. 재능에는 반드시 노력이 따라야 하니까요.

이 세상에 태어날 때 누구나 다 하나씩 공평하게 지니고 태어나는 게 있어요.

꼴찌도 첫째가 될 수 있어요

훗날 성공의 비결에 관해 질문을 받았을 때 에디슨은 이렇게 말했어요.
"내가 어려울 때 늘 나를 믿어 주고 격려해 주신 어머니 덕분입니다."
이렇게 학교에서 퇴학당한 꼴찌 에디슨은 결국 첫째가 됐어요. 내가 공부 좀 못한다고 해서 당장 하늘이 무너지는 것은 아니에요. 지금은 꼴찌이지만 나중엔 첫째가 될 수 있어요.

훗날 성공의 비결에 관해 질문을 받았을 때 에디슨은 이렇게 말했어요.

사람은 누구나 잘못할 수 있어요

실수하지 않는 사람은 없어요. 중요한 것은 어떤 잘못을 저질렀을 때 그 잘못과 실수를 스스로 인정하고 용서를 구하는 태도예요.

내가 부모님과 선생님, 또 친구들에게 뜻하지 않게 잘못을 저질렀을 때 어떻게 해야 할까요? 워싱턴처럼 행동하면 분명 용서해 주실 거예요. 친구하고는 더 친한 사이가 되고요. 잘못을 인정하지 않고 숨기면 작은 일이 큰 일이 되고 말아요. 내가 잘못했을 때는 사과하는 게 중요해요.

실수하지 않는 사람은 없어요.

이 세상에 쓸모없는 것은 없어요

주인은 왜 물이 새는 물항아리를 버리지 않고 계속 가지고 다녔을까요?
이 세상에 쓸모없는 것은 아무것도 없다고 생각했기 때문이에요.
그러면 물이 새는 항아리는 어떤 쓸모가 있었을까요? 물을 계속 흘려 메마른 땅에 아름다운 꽃을 피어나게 했어요. 목말라 시들어 가던 꽃나무들은 물이 새는 항아리가 그 얼마나 고맙고 소중했겠어요. 이 세상에 쓸모없는 것은 하나도 없어요.

주인은 왜 물이 새는 물항아리를 버리지 않고 계속 가지고 다녔을까요?

성공할 때까지 포기하지 마세요

오노도후가 그때 서예가의 꿈을 포기했더라면 당연히 서예가가 될 수 없었을 거예요. 결국 오노도후의 이야기는 성공할 때까지 포기하지 않고 도전하는 정신이 중요하다는 걸 뜻해요.

포기하지 않고 노력하는 사람을 당할 자는 없어요. 불가능하기 때문에 포기한다는 것은 노력하지 않은 자의 변명일 수 있어요. 오노도후의 개구리처럼 실패를 거듭해도 포기하지 않는 마음가짐이 중요해요.

오노도후가 그때 서예가의 꿈을 포기했더라면 당연히 서예가가 될 수 없었을 거예요.

참는 것이
이기는 거예요

참깨는 햇볕이 따스한 땅에 뿌려질 날을 기다리며 참고 또 참았어요. 만약 냉동실의 혹독한 추위를 참지 못했다면 아무리 흙의 가슴에 안겼더라도 이미 생명을 잃어 싹을 틔우지 못했을 거예요.
이렇게 작디작은 참깨 한 톨도 시련과 고통을 견뎌내는 인내의 힘이 있어야 자신을 싹틔울 수 있어요. 냉동실의 추위를 참고 견딤으로써 더 많은 열매를 맺을 수 있었어요. 참지 못하면 이길 수 없어요. 결국 참는 것이 이기는 거예요.

참깨는 햇볕이 따스한 땅에 뿌려질 날을
기다리며 참고 또 참았어요.

오늘이 바로
나의 내일이에요

언니 콩은 콩나물 장수를 선택했기 때문에 콩나물국이 되었고, 동생 콩은 농부를 선택했기 때문에 많은 콩을 낳고 콩깍지가 되었어요. 이렇게 오늘 내가 무엇을 선택하는지가 아주 중요해요.

나의 미래는 나의 오늘이 결정해요. 나의 오늘이 바로 나의 내일이에요. 오늘 내가 어떻게 살고 무엇을 결정하는지에 따라 나의 내일이 달라져요. 그러니까 오늘 이 순간을 열심히 살아야 해요.

언니 콩은 콩나물 장수를 선택했기 때문에 콩나물국이 되었고, 동생 콩은 농부를 선택했기 때문에 많은 콩을 낳고 콩깍지가 되었어요.

멀리 있는 것을 향해 목표를 세우세요

눈앞에 있는 목표를 이루려면 마음이 급해져요.
마음이 급하면 밭고랑이 삐뚤어지는 것처럼 오히려 목표를 이루기 어려워질 수 있어요.
여러분은 지금 목표를 세우되 멀리 있는 것을 향해 세우세요. 그리고 그 목표를 향해 천천히 뚜벅뚜벅 흔들리지 말고 걸어가세요.

눈앞에 있는 목표를 이루려면 마음이
급해져요.

햇빛이 계속되면
사막이 되어 버려요

여러분도 학교 공부 잘하고 좋은 대학 가서 좋은 데 취직하거나 좋은 사람 만나서 행복하고 건강하게 잘 살게 되기를 바랄 거예요.
우리 모두 그렇게 될 수 있을까요?
아무런 어려움이 없이 항상 행복하게 잘 살 수 있을까요? 그렇게 될 수는 없어요. 인간을 행복하게만 살 수 없어요. 행복과 불행, 좋은 일과 나쁜 일은 적절히 섞어서 일어나요.

여러분도 학교 공부 잘하고 좋은 대학 가서 좋은 데 취직하거나 좋은 사람 만나서 행복하고 건강하게 잘 살게 되기를 바랄 거예요.

지나간 1분은 세상의 돈을 다 줘도 살 수 없어요

시간은 결코 나를 기다려 주지 않아요. 오히려 내가 시간을 기다려야 해요. 기다렸다가 적극적으로 나의 것으로 만들어야 해요. 그러기 위해서는 지금부터라도 시간을 아껴야 해요. 가치 없는 일에 더 이상 시간을 낭비하지 말아야 해요. 금덩어리 같은 시간을 돌덩어리로 만들지 않기 위해서는 단 1초의 시간이라도 아껴야 해요.

시간은 결코 나를 기다려 주지 않아요.

가장 용감한 사람은 남에게
질 줄 아는 사람이에요

지는 이에게도 기쁨이 있을 수 있어요. 내가 짐으로써 친구를 울지 않게 했다는 기쁨 말이에요. 그래서 진 것이 곧 이긴 것이 될 수 있어요.

부처님께서는 "나를 해치는 자를 가장 높이 받들라."라고 하셨어요. 성철 스님께서도 "가장 용감한 사람은 질 줄 아는 사람이다."라고 말씀하셨어요.

남에게 지기 위해서는 먼저 자신과의 싸움에서 이겨야 해요. 가장 큰 승리는 자신을 이기는 거예요. 그래야 세상에서 가장 용감한 사람이 될 수 있어요.

지는 이에게도 기쁨이 있을 수 있어요.

글 정호승

정호승 시인은 1950년 경남 하동에서 태어나 대구에서 성장했으며 경희대 국문과와 동 대학원을 졸업했다. 1972년 한국일보 신춘문예에 동시 <석굴암을 오르는 영희>, 1973년 대한일보 신춘문예에 시 <첨성대>가 당선돼 작품 활동을 시작했다. 시집 《슬픔이 기쁨에게》 《서울의 예수》 《외로우니까 사람이다》 《슬픔이 택배로 왔다》, 시선집 《내가 사랑하는 사람》 《수선화에게》, 산문집 《내 인생에 힘이 되어준 한마디》 《고통 없는 사랑은 없다》 등을 출간했으며, 소월시문학상, 정지용문학상 등을 수상했다. 최근에는 50년 전, 동시로 문단에 처음 들어섰던 그날의 마음으로 돌아가 동시집 《참새》를 시작으로 동화집 《다람쥐 똥》 《항아리》 《쥐똥나무》 《물과 불》 등을 선보이며 우리 어린이문학을 한층 더 폭넓고 깊게 하는 데 큰 역할을 하고 있다. 대구에 <정호승문학관>이 있다.

그림 심보영

디자인을 공부하다가 그림책의 매력에 빠졌다. 지금은 이야기 속에서 이미지를 찾고, 이미지 속에 이야기를 불어넣는 일을 하고 있다. 쓰고 그린 책으로 《대단한 수염》 《식당 바캉스》 《털북숭이 형》 《토끼행성 은하늑대》 등이 있으며, 〈깊은 밤 필통 안에서〉 시리즈, 《우다다 꽁냥파크》 《이상한 우주의 앨리스》 《쿨쿨》 《빨간 여우의 북극 바캉스》 등에 그림을 그렸다.